150
Questions
ET RECETTES SUR LE
BARBECUE

Couverture : Katia Senay
Graphisme : Katia Senay et Sophie Binette
Recherche et rédaction : Catherine Côté

© 2013, Les Éditions Goélette inc.
1350, Marie-Victorin
Saint-Bruno-de-Montarville (Québec) J3V 6B9
Téléphone : 450 653-1337
Télécopieur : 450 653-9924
www.editionsgoelette.com
www.facebook.com/EditionsGoelette

Dépôts légaux : Deuxième trimestre 2013
Bibliothèque et Archives nationales du Québec
Bibliothèque nationale du Canada

Les Éditions Goélette bénéficient du soutien financier de la
SODEC pour son programme d'aide à l'édition et à la promotion.

Nous remercions le gouvernement du Québec de l'aide financière accordée
par l'entremise du Programme de crédit d'impôt pour l'édition de livres,
administré par la SODEC.

ASSOCIATION
NATIONALE
DES ÉDITEURS
DE LIVRES   Membre de l'Association nationale des éditeurs de livres

Imprimé au Canada

ISBN : 978-2-89690-379-5

Question 1

D'où vient le mot barbecue, à l'origine « barbacoa » ?

○ **Du Portugal**

○ **De l'Afrique centrale**

○ **Des Caraïbes**

Question 2

De quelle année date la première mention du mot « barbecue » ?

○ **En 1740**

○ **En 1769**

○ **En 1850**

Ailes de poulet à la moutarde et au miel

BARBECUE

Préparation : 15 min
Cuisson : 45 min
Marinade et trempage : 2 h 30
Portions : 4

INGRÉDIENTS

1/4 de tasse (60 ml) de sel
1/4 de tasse (60 ml) de sucre
4 tasses (1 L) d'eau froide
2,2 lb (1 kg) d'ailes de poulet

Pour la marinade :

1/2 tasse (125 ml) de miel
1/2 tasse (125 ml) de moutarde de Dijon

2 c. à soupe (30 ml) de sauce soya
2 c. à soupe (30 ml) de jus de citron, fraîchement pressé
2 c. à soupe (30 ml) d'huile d'olive
2 gousses d'ail, hachées
Quelques gouttes de sauce piquante
Sel et poivre

PRÉPARATION

1. Mélanger le sel et le sucre à l'eau dans un grand bol et déposer les ailes de poulet. Faire tremper pendant 1 h 30.

2. Mélanger tous les ingrédients de la marinade dans un bol. Saler et poivrer, au goût.

3. Égoutter les ailes de poulet au-dessus d'une grille sur une plaque à pâtisserie ou sur un papier essuie-tout. Réserver un peu moins du quart de la marinade pour la cuisson. Ajouter le poulet dans la marinade et couvrir d'une pellicule de plastique. Laisser mariner au moins 1 h au réfrigérateur.

4. Préchauffer le barbecue à température moyenne-élevée. Sortir les ailes de la marinade et bien les égoutter. Jeter la marinade. Faire cuire les ailes de 10 à 15 min ou jusqu'à ce qu'elles aient commencé à caraméliser et à perdre un peu de leur gras. Étendre la marinade réservée sur les ailes à l'aide d'un pinceau, puis baisser la température à moyen-faible et poursuivre la cuisson pour environ 30 min, jusqu'à ce que la peau soit bien croustillante.

Question 3

Qu'est-ce que le «yakitori» au Japon?

○ **Une brochette qui se mange sur le pouce**

○ **Un porc braisé**

○ **Un mouton cuit à la broche**

Question 4

Qui a inventé le «jerk», du cochon braisé, en Jamaïque?

○ **Les conquérants espagnols**

○ **Les descendants des esclaves fuyant les conquistadors**

○ **Les soldats britanniques**

Brochettes Saint-Jacques et crevettes au bacon

BARBECUE

Préparation : 10 min
Cuisson : 10 min
Marinade : 2 h
Portions : 4

INGRÉDIENTS

8 noix de Saint-Jacques, sans corail (ou gros pétoncles)
16 tranches fines de bacon
150 g de crevettes crues, décortiquées

Pour la marinade :

1/2 tasse (125 ml) d'huile d'olive
1/3 de tasse (80 ml) vin blanc sec
2 échalotes françaises, hachées finement
1/2 bouquet de persil, haché
Sel et poivre

PRÉPARATION

1. Couper les Saint-Jacques en deux dans l'épaisseur. Enrouler chaque moitié dans une tranche de bacon. Enfiler sur des brochettes en alternant avec les crevettes.

2. Mélanger tous les ingrédients de la marinade. Saler et poivrer. Réserver la moitié de ce mélange pour la cuisson et le service. Faire mariner les brochettes pendant au moins 2 h.

3. Faire cuire les brochettes de 8 à 10 min sur le barbecue, en les tournant régulièrement et en arrosant de marinade. Servir avec la marinade réduite à feu doux dans une petite casserole.

Question 5

D'où vient le «braai» qui désigne à la fois la nourriture et l'événement réunissant famille et amis ?

- ◯ **De l'Afrique du Sud**

- ◯ **De la France**

- ◯ **De la Russie**

Question 6

Quel est le repas cuit sur le barbecue le plus populaire ?

- ◯ **Le hot-dog**

- ◯ **Le poulet**

- ◯ **Le hamburger**

Figues au balsamique et crème fouettée

BARBECUE

Préparation : 10 min
Cuisson : 5 min
Portions : 4

INGRÉDIENTS

8 figues fraîches
3 c. à soupe (45 ml) d'huile d'olive
3 c. à soupe (45 ml) de sucre
3 c. à soupe (45 ml) de jus de citron, fraîchement pressé
1/2 tasse (125 ml) de crème 35 %, fouettée
3 c. à soupe (45 ml) de vinaigre balsamique vieilli ou réduit
1 c. à soupe (15 ml) feuilles de menthe
1 c. à soupe (15 ml) verveine, ciselée

PRÉPARATION

1. Préchauffer le barbecue à température élévée et huiler la grille. Couper chaque figue en deux.

2. Dans un bol, mélanger l'huile, le sucre et le jus de citron. Badigeonner les fruits du mélange sucre-citron.

3. Cuire à feu vif de 2 à 4 min de chaque côté ou jusqu'à ce que les figues soient bien caramélisées. Placer sur une assiette, accompagner de crème fouettée et arroser d'un trait de vinaigre balsamique. Parsemer de menthe et de verveine ciselée.

Quelle ville détient le record de monde du plus gros barbecue, avec 13 713 kilos de viande cuite?

○ **Montevideo, en Uruguay**

○ **General Pico, en Argentine**

○ **San José, au Costa Rica**

Comment se nomme le plus grand championnat de barbecue au monde, qui se tient chaque année à Kansas, au Missouri?

○ **L'American Barbecue Champion**

○ **L'American Royal Barbecue**

○ **L'American Best Meat**

Pétoncles au prosciutto

BARBECUE

Préparation : 10 min
Cuisson : 6 min
Marinade : 2h
Portions : 4

INGRÉDIENTS

12 pétoncles de taille moyenne
6 minces tranches de prosciutto

Pour la marinade :

1/2 tasse (125 ml) d'huile d'olive
2 c. à soupe (30 ml) de jus de citron, fraîchement pressé
Sel et poivre

PRÉPARATION

1. Mélanger tous les ingrédients de la marinade et faire mariner les pétoncles 2 h. Les retourner pour bien les enrober.

2. Couper le prosciutto et l'enrouler autour du mollusque. Répéter l'opération pour tous les pétoncles.

3. Préchauffer le barbecue à température moyenne-élevée. Brosser et huiler la grille. Afin d'éviter que les pétoncles ne glissent durant la cuisson, il est préférable de les enfiler sur deux brochettes placées à 1 cm l'une de l'autre. Huiler légèrement les brochettes avant de les faire cuire. Griller les brochettes environ 3 min de chaque côté, jusqu'à ce que les pétoncles perdent leur translucidité.

Qu'ont inventé les Taïwanais ?

( ) **Un barbecue jetable**

( ) **Un barbecue intégré dans la voiture**

( ) **Un barbecue avec une télécommande**

Question 10

Quel est le mois national du barbecue, déterminé par l'Association nationale du Barbecue ?

( ) **Mai**

( ) **Juin**

( ) **Juillet**

Courgettes grillées au barbecue

BARBECUE

Préparation : 5 min
Cuisson : 10 min
Portions : 4

INGRÉDIENTS

4 courgettes
2 c. à soupe (30 ml) d'huile d'olive
Sel et poivre

PRÉPARATION

1. Couper les courgettes en deux dans le sens de la longueur. Inciser légèrement la chair à l'aide d'un couteau puis les enduire d'huile d'olive à l'aide d'un pinceau.

2. Les mettre sur la grille du barbecue et les laisser cuire 5 min de chaque côté en surveillant. Saler et poivrer.

Question 11

Quels sont les ingrédients qui composent le zaatar, un mélange d'épices du Moyen-Orient?

- ( ) Le ketchup, la moutarde et le poivre

- ( ) Le vinaigre balsamique, la coriandre, le sel et le poivre

- ( ) Le thym, le sel, le sésame et le vinaigre acide

Question 12

Combien coûte un barbecue en général?

- ( ) Entre 50 et 200 $

- ( ) Entre 200 et 2000 $

- ( ) Entre 2000 et 5000 $

Gratin d'aubergines à la sicilienne

BARBECUE

Préparation : 10 min
Cuisson : 15 min
Portions : 4

INGRÉDIENTS

1 aubergine noire
3 c. à soupe (45 ml) d'huile végétale
1 tasse (250 ml) de chapelure
10 tranches de fromage Fontina
2 tasses (500 ml) de tomates cerise
4 c. à thé (20 ml) de basilic frais, ciselé
1 c. à thé (5 ml) d'ail, haché
3 c. à soupe (45 ml) d'huile d'olive
Sel

PRÉPARATION

1. Laver l'aubergine et la couper en tranches de 1 cm d'épaisseur. Badigeonner d'huile végétale les tranches d'aubergines, puis les enrober de chapelure.

2. Préchauffer le barbecue à température élevée et huiler la grille. Griller les tranches d'aubergine quelques minutes seulement de chaque côté. Couvrir les tranches avec le fromage Fontina et poursuivre la cuisson jusqu'à ce que le fromage ait fondu. Réserver.

3. Couper les tomates cerise en deux. Les mélanger avec le basilic, l'ail, et assaisonner. Arroser le tout d'une bonne huile d'olive. Alterner les tranches d'aubergines grillées et gratinées avec un peu de sauce aux tomates cerise. Parsemer de basilic frais et servir.

Quel animal est traditionnellement servi dans un méchoui?

( ) Le poulet

( ) L'agneau ou le mouton

( ) Le bœuf ou le veau

Qu'est-ce qu'une sardinade?

( ) Une marinade pour les sardines

( ) Une façon de cuire les sardines sur le gril

( ) Un accompagnement à base de purée de sardines

Légumes grillées sur le barbecue

BARBECUE

Préparation : 15 min
Cuisson : 10 min
Marinade : 15 min
Portions : 4

INGRÉDIENTS

3 courgettes, coupées en tranches épaisses
1 paquet (227 g) de champignons
2 oignons, coupés en quartier

Pour la marinade :

1/4 de tasse (60 ml) de sauce soya
1/4 de tasse (60 ml) d'huile d'olive
1 c. à soupe (15 ml) de gingembre frais, rapé
3 gousses d'ail, hachées

PRÉPARATION

1. Dans un grand bol, mélanger tous les ingrédients de la marinade.

2. Faire macérer les légumes dans la marinade pendant 15 min, puis faire saisir les légumes en brochettes sur le barbecue.

Question 15

Dans quelle région du monde le méchoui est-il très répandu ?

( ) **Dans les Antilles**

( ) **En Afrique du Nord**

( ) **Au Texas**

Question 16

Dans quelle région les sardinades sont-elles populaires ?

( ) **Dans le sud de la France**

( ) **En Gaspésie**

( ) **Dans le nord de l'Islande**

Maïs grillé à la mexicaine

BARBECUE

Préparation : 5 min
Cuisson : 8 à 12 min
Portions : 4

INGRÉDIENTS

8 épis de maïs dans leurs feuilles
1/2 tasse (125 ml) de mayonnaise
1/2 tasse (125 ml) de parmesan râpé
3 c. à soupe (45 ml) de piment fort, séché et broyé

PRÉPARATION

1. Préparer le barbecue pour une cuisson à chaleur directe et préchauffer à température élevée. Éplucher les maïs sans détacher les feuilles à la base de l'épi. À l'aide d'une ficelle, attacher les feuilles en bouquet.

2. Badigeonner chaque épi de mayonnaise, puis saupoudrer de parmesan râpé et de piment fort.

3. Quand le barbecue est prêt, placer les maïs sur la grille chaude, de manière à ce que les feuilles soient éloignées du feu. Laisser griller les épis jusqu'à ce qu'ils prennent une couleur dorée, environ 2 à 3 min de chaque côté.

Quel est le plat cuit au barbecue typiquement québécois?

◯ **Les saucisses de sanglier**

◯ **Les côtelettes de porc à l'érable**

◯ **Les coquilles St-Jacques**

Combien coûte le barbecue le plus cher du monde, plaqué or?

◯ **50 000 $**

◯ **118 000 $**

◯ **164 000 $**

Pommes de terre grelots et chorizo au paprika fumé

BARBECUE

Préparation : 15 min
Cuisson : 5 min
Marinade : 30 min
Portions : 4

INGRÉDIENTS

2 lb (900 g) de pommes de terre grelots, cuites
3 chorizos, coupés en rondelles

Pour la marinade :

1/2 tasse (125 ml) d'huile végétale
1 citron, fraîchement pressé
1 c. à soupe (15 ml) d'ail, haché
3 c. à soupe (45 ml) de paprika fumé

PRÉPARATION

1. Dans un bol, mélanger tous les ingrédients de la marinade. Couper les pommes de terre en deux et les mettre dans un plat creux. Verser la marinade et faire macérer 30 min.

2. Enfiler les demi-grelots et les rondelles de chorizo sur des brochettes en les alternant.

3. Préchauffer le barbecue à température moyenne-élevée. Faire cuire quelques minutes ou jusqu'à ce que les chorizos et les pommes de terre soient dorés.

Question 19

Où se tient chaque année l'événement «Barbecue du monde»?

- ◯ À Liège, en Belgique

- ◯ À Saint-Raphaël, en France

- ◯ À Fès, au Maroc

Question 20

Laquelle des épices suivantes ne fait pas partie du mélange d'épices barbecue?

- ◯ Le laurier

- ◯ La muscade

- ◯ La cannelle

Sauce barbecue

BARBECUE

Préparation : 10 min
Cuisson : 30 min
Portions : environ 1 L de sauce

INGRÉDIENTS

1 oignon, haché finement
2 gousses d'ail, hachées
1 c. à soupe (15 ml) d'huile d'olive
5 tasses (1 1/4 L) de tomates en dés
1 c. à thé (5 ml) de concentré de tomates
1 pincée de piment de Cayenne

PRÉPARATION

1. Dans une casserole, faire revenir les oignons et l'ail dans l'huile. Ajouter les tomates, le concentré, et le piment. Faire cuire 30 min.

Question 21

Quel est le nom de la brochette d'agneau typiquement russe ?

○ **Le chachlyk**

○ **La brochette Kiev**

○ **La pavlova**

Question 22

Lequel de ces plats traditionnels québécois est en fait une grillade ?

○ **Le ragoût de pattes**

○ **Les oreilles de crisse**

○ **Le jambon à l'érable**

Agneau à la grecque et sauce à la menthe

BARBECUE

Préparation : 20 min
Cuisson : 20 min
Marinade : 1 h
Portions : 4

INGRÉDIENTS

2,2 lb (1 kg) de côtelettes d'agneau

Pour la marinade :

1/4 de tasse (60 ml) d'huile d'olive
2 c. à soupe (30 ml) de jus de citron
2 c. à soupe (30 ml) d'ail, haché

2 c. à soupe (30 ml) de thym frais, effeuillé
2 c. à soupe (30 ml) de marjolaine fraîche, effeuillée
1 pincée de paprika doux
Sel et poivre

Pour la sauce :

1 tasse (250 ml) de vinaigre de vin blanc
1/2 tasse (125 ml) de sucre
1/4 de tasse (60 ml) de menthe, ciselée

PRÉPARATION

1. Mélanger tous les ingrédients de la marinade dans un bol. Enduire du mélange toutes les faces de la viande. Faire mariner au moins 1 h au réfrigérateur.

2. Mélanger le vinaigre de vin blanc et le sucre dans une casserole. Sur un rond d'appoint du barbecue ou sur la cuisinière, amener la sauce à ébullition. Cuire à feu moyen de 8 à 10 min afin de réduire le liquide de moitié et obtenir une consistance légèrement sirupeuse. Retirer du feu et ajouter la menthe ciselée. Mettre au réfrigérateur et laisser macérer au moins 1 h avant de l'utiliser. Servir la sauce à la température ambiante.

3. Préchauffer le barbecue à température moyenne et huiler la grille. Cuire les côtelettes 5 min. Saler généreusement et cuire un autre 5 min, jusqu'à ce que ce premier côté obtienne une riche couleur brun doré. Retourner la viande et cuire jusqu'à la cuisson désirée.

Question 23

D'où vient l'expression «être sur le gril»?

- ◯ D'une forme de torture de l'Antiquité
- ◯ Du frétillement nerveux de la viande
- ◯ D'une tactique de guerre du Moyen-Âge

Question 24

Lequel de ses groupes a une chanson ayant pour titre *The BBQ song*?

- ◯ Rhett and Link
- ◯ The Eagles
- ◯ Bright Eyes

Brochettes de bœuf

BARBECUE

Préparation : 25 min
Cuisson : 40 min
Marinade : 4 à 6 h
Portions : 6

INGRÉDIENTS

1 1/2 lb (675 g) de bœuf à brochettes
Légumes, au choix (oignons, poivrons, champignons…)

Pour la marinage :

2/3 de tasse (160 ml) d'eau, bouillante
2/3 de tasse (160 ml) de sucre
3 c. à soupe (45 ml) de bouillon de bœuf
3 c. à soupe (45 ml) de poudre d'ail
3 c. à soupe (45 ml) de paprika
3 c. à soupe (45 ml) de moutarde sèche
1/2 tasse (125 ml) d'huile d'olive
1/2 tasse (125 ml) de vinaigre balsamique

PRÉPARATION

1. Ajouter le sucre à l'eau bouillante ainsi que le bouillon, la poudre d'ail, le paprika et la moutarde sèche. Bien brasser pour que le sucre soit dissous. Ajouter l'huile et le vinaigre.

2. Mettre le bœuf et les légumes dans la marinade. Mettre le tout au réfrigérateur de 4 à 6 h.

3. Enfiler le bœuf et les légumes sur des broches. Cuire à basse température et les tourner de temps en temps.

Question 25

Quelle est l'utilité de laisser reposer la viande après la cuisson ?

( ) **Elle refroidit**

( ) **Le sang se répartit uniformément**

( ) **Elle est plus croustillante**

Question 26

Combien de temps faut-il faire mariner le poisson en moyenne ?

( ) **Pas plus de 30 minutes**

( ) **Une nuit entière**

( ) **24 heures**

Brochettes de bœuf mariné au pesto

BARBECUE

Préparation : 35 min
Cuisson : 5 à 10 min
Marinade : 30 min
Portions : 4

INGRÉDIENTS

1 lb (454 g) de bœuf, coupé en cubes de 2 cm
4 tomates, coupées en quatre
1/2 poivron vert, coupé en dés de 2 cm
1/2 poivron rouge, coupé en dés de 2 cm

Pour la marinade :

1/4 de tasse (60 ml) d'huile d'olive
1 citron, fraîchement pressé
3 c. à soupe (45 ml) de pesto
Sel et poivre

PRÉPARATION

1. Mélanger tous les ingrédients de la marinade et faire mariner la viande 30 min.

2. Sur les brochettes, alterner la viande, la tomate et les poivrons.

3. Cuire les brochettes à température moyenne-élevée de 5 à 10 min environ en les retournant à mi-cuisson et en les badigeonnant de marinade régulièrement.

Qu'est-ce qui attendrit la viande dans une marinade?

○ **Le sel**

○ **Le sucre**

○ **L'acidité**

Quelle est la bactérie responsable de la maladie du hamburger?

○ **La H1N1**

○ **La E. Coli O157 : H7**

○ **La bactérie mangeuse de chair**

Brochettes de canard aux abricots

BARBECUE

Préparation : 15 min
Cuisson : 15 min
Marinade : 2 h
Trempage : 4 à 12 h
Portions : 4

INGRÉDIENTS

24 abricots séchés
1/2 tasse (125 ml) de xérès
2 lb (900 g) de suprême de canard

Pour la marinade :

1/4 de tasse (60 ml) de sauce soya
1/4 de tasse (60 ml) de confiture d'abricots ou d'oranges
2 c. à soupe (30 ml) d'huile d'olive
2 gousses d'ail, hachées
2 c. à thé (10 ml) de gingembre, râpé
Sel et poivre

PRÉPARATION

1. Faire gonfler les abricots dans le xérès quelques heures ou toute une nuit.

2. Mélanger tous les ingrédients de la marinade et réserver.

3. Retirer le gras des suprêmes ainsi que des filets. Les couper en dés d'environ 4 cm. Enfiler la viande sur des brochettes en alternant les morceaux de canard et les abricots. Verser la marinade sur les brochettes. Couvrir et laisser mariner 2 h ou plus au frigo en remuant quelques fois.

4. Préchauffer le barbecue à température moyenne-élevée. Faire cuire les brochettes de 10 à 15 min en les retournant de temps en temps.

Question 29

Quel est le meilleur moment pour nettoyer la grille du barbecue?

○ **Quand elle est très chaude**

○ **Quand elle est refroidie**

○ **Quand c'est l'hiver**

Question 30

Lequel de ces aliments est excellent sur le barbecue avec du sel, du poivre et des oignons?

○ **La poire**

○ **Le kiwi**

○ **Le melon d'eau**

Brochettes de canard et de pêches

BARBECUE

Préparation : 10 min
Cuisson : 15 min
Marinade : 4 h
Portions : 4

INGRÉDIENTS

2 magrets de canard, coupés en gros cubes
3 pêches blanches, coupées en quatre

Pour la marinade :

2 branches de romarin
2 c. à soupe (30 ml) d'huile d'olive

PRÉPARATION

1. Déposer la viande dans un saladier avec les branches de romarin effeuillées et un filet d'huile d'olive. Laisser mariner au moins 4 h.

2. Préparer les brochettes en alternant des morceaux de canard et de pêches.

3. Faire cuire au barbecue 15 min environ.

Question 31

Qui est Ron Shewchuk ?

- ◯ **L'inventeur de la sauce barbecue**

- ◯ **Le gagnant de plusieurs championnats de barbecue**

- ◯ **L'inventeur de la cuisson du poulet sur canette de bière**

Question 32

Avec quoi peut-on enduire la grille pour éviter que les aliments ne collent ?

- ◯ **Du vinaigre blanc**

- ◯ **De l'huile végétale**

- ◯ **Du jus de citron**

Brochettes de poulet à la tequila et à la lime

BARBECUE

Préparation : 15 min
Cuisson : 10 min
Marinade : 2 h
Portions : 4

INGRÉDIENTS

2 poitrines de poulet, coupées en cubes de 4 cm

Pour la marinade :

1/4 de tasse (60 ml) de téquila
1/4 de tasse (60 ml) de jus de lime, fraîchement pressée
3 c. à soupe (45 ml) d'huile d'olive
2 c. à soupe (30 ml) de petits piments chili, hachés
2 c. à soupe (30 ml) de coriandre fraîche, ciselée
2 gousses d'ail, hachées
Sel et poivre

PRÉPARATION

1. Enfiler les cubes de poulet sur deux brochettes simultanément en les maintenant à 1 cm l'une de l'autre.

2. Mélanger tous les ingrédients de la marinade. Y déposer les brochettes et laisser mariner au réfrigérateur 2 h.

3. Préchauffer le barbecue à température moyenne-élevée. Faire griller les brochettes de 10 à 12 min. Les tourner régulièrement d'un quart de tour afin de bien marquer les quatre côtés.

Quelle étape faut-il faire avant de procéder à la cuisson sur planche de cèdre?

◯ **Enduire la planche d'huile**

◯ **Frotter la planche avec de l'ail**

◯ **Faire tremper la planche dans l'eau**

Question 34

Quel est le moment idéal pour ajouter la sauce barbecue à la viande?

◯ **Dès le début de la cuisson**

◯ **15 minutes avant la fin de la cuisson**

◯ **À la toute fin de la cuisson**

Brochettes de veau aux épices

BARBECUE

Préparation : 10 min
Cuisson : 10 min
Marinade : 24 h
Portions : 4

INGRÉDIENTS

1 3/4 lb (800 g) de filet de veau

Pour la marinade :

2 c. à thé (10 ml) de sel
1 c. à thé (5ml) de Ras-el-Hanout (mélange d'épices d'Afrique du Nord)
1 c. à thé (5 ml) de cumin
2 pincées de piment de Cayenne
1 pincée de paprika doux
1 pincée de poivre blanc moulu
1 pincée de thym en poudre
1 gros oignon, émincé
2 gousses d'ail, hachées
1 c. à soupe (15 ml) de persil, ciselé
1 tasse (250 ml) d'huile d'olive

PRÉPARATION

1. Découper la viande en cubes, puis la faire macérer 24 h avec tous les ingrédients de la marinade mélangés.

2. Enfiler la viande égouttée sur les brochettes, et faire cuire 5 min de chaque côté sur le barbecue.

Question 35

Lors de quelle fête israélienne le barbecue est particulièrement populaire ?

○ **Yom Haatzmaut (jour de l'indépendance d'Israël)**

○ **Yom Kippur**

○ **Pâque juive**

Question 36

Quelle partie du canard les Algériens font-ils cuire au barbecue ?

○ **Les yeux**

○ **Les intestins**

○ **Le cœur**

Brochettes de thon mariné

BARBECUE

Préparation : 15 min
Cuisson : 10 min
Marinade : 1 h
Portions : 6

INGRÉDIENTS

6 tranches épaisses de thon frais
3 courgettes
2 oignons, coupés en quartiers
Sel

Pour la marinade :

4 cm de gingembre frais, râpé
1 c. à thé de graines de coriandre, moulues
1 pincée de piment d'Espelette, en poudre
1 gros citron, fraîchement pressé
3 c. à soupe (45 ml) d'huile d'olive

PRÉPARATION

1. Couper le thon en gros cubes, mettre dans un plat.

2. Dans un bol, mélanger en émulsion les ingrédients de la marinade et versez sur les cubes de thon. Recouvrir et réfrigérer 1 h.

3. Couper les courgettes en tranches de 1,5 cm, les faire cuire 5 min à la vapeur, puis réserver.

4. Monter les brochettes en intercalant les cubes de thon marinés avec les tranches de courgettes blanchies et des quatiers d'oignons.

5. Badigeonnez-les de marinade au pinceau et faites-les griller au barbecue ou à la plancha 1 min de chaque côté. Saler après cuisson.

Question 37

Comment les Coréens mangent-ils la viande cuite
sur le barbecue?

○ **Avec des baguettes et du riz**

○ **Enroulée dans une feuille de sésame
ou de laitue**

○ **Dans du pain trempé dans l'huile**

Question 38

Quel aliment les Algériens mangent-ils grillé sur
le barbecue?

○ **Le criquet**

○ **Le moineau**

○ **Le serpent**

Brochettes japonaises yakitori

BARBECUE

Préparation : 10 min
Cuisson : 15 min
Marinade : 2 à 3 h
Portions : 2

INGRÉDIENTS

1 lb (454 g) de poulet, coupé en gros morceaux
3 poireaux fins

Pour la marinade :

1 c. à soupe (15 ml) d'huile de sésame
1 c. à thé (5 ml) de sauce teriyaki
2 c. à soupe (30 ml) de mirin
2 c. à soupe (30 ml) de saké
1/2 citron, fraîchement pressé
2 c. à soupe (30 ml) sauce soya
2 c. à soupe (30 ml) sucre
1 c. à soupe (15 ml) graines de sésame grillées

PRÉPARATION

1. Mélanger les ingrédients de la marinade, en réserver une petite partie pour la cuisson. Ajouter la viande et mariner de 2 à 3 h au frais.

2. Rincer et trancher les poireaux. Retirer la viande de la marinade. Embrocher en alternant le poulet et le poireau. Dans une petite casserole, porter la marinade à ébullition.

3. Faire cuire les brochettes sur le barbecue en badigeonnant de marinade.

Question 39

Laquelle de ces personnes célèbres a une marque de barbecue à son nom?

○ **Elvis**

○ **Molière**

○ **Napoléon**

Question 40

Quel est l'équivalent du barbecue en Amérique du Sud?

○ **Le barbecuo**

○ **L'asado**

○ **Les grilladès**

Burger de portobello au chèvre et aux légumes grillés

Préparation : 20 min
Cuisson : 10 min
Portions : 4

INGRÉDIENTS

4 gros champignons portobello
2 courgettes, tranchées sur le long
2 poivrons rouges, coupés en deux
1 oignon rouge, coupé en quatre
4 tranches de fromage de chèvre
4 pains à burger
Quelques feuilles de roquette

Pour la sauce :

2/3 de tasse (160 ml) d'huile d'olive
2 c. à soupe (30 ml) de vinaigre balsamique
1 c. à soupe (15 ml) de jus de citron, fraîchement pressé
2 gousses d'ail, hachées
Sel et poivre

PRÉPARATION

1. Mélanger tous les ingrédients de la sauce dans un plat et réserver.

2. Préchauffer le barbecue à température élevée et huiler la grille.

3. Nettoyer le chapeau des champignons à l'aide d'une cuillère. Enduire les légumes de la sauce balsamique.

4. Cuire les légumes sur la grille de 3 à 5 min de chaque côté. Ajouter le fromage de chèvre sur les champignons et attendre environ 1 min pour que le fromage fonde.

5. Faire le montage des burgers en superposant une tranche de chaque légume, puis garnir de roquette.

Question 41

La sauce chimichurri, utilisée en Argentine pour accompagner la viande grillée, est faite à base de quel aliment?

- ( ) **De piment**

- ( ) **De mayonnaise**

- ( ) **De vinaigre**

Question 42

Lequel de ces ingrédients n'est pas inclus dans la marinade des grillades à la pékinoise?

- ( ) **La sauce soya**

- ( ) **Le gingembre**

- ( ) **Le saké**

Burger de poulet

BARBECUE

Préparation : 15 min
Cuisson : 25 min
Marinade : 3 h
Portions : 4

INGRÉDIENTS

4 poitrines de poulet, désossées
12 tranches de bacon
4 pains kaiser
1 grosse tomate
4 feuilles de laitue
1/4 de tasse (60 ml) de vinaigrette campagnarde ou de mayonnaise

Pour la marinade :

1/4 de tasse (60 ml) d'huile d'olive
1 c. à soupe (15 ml) de xérès (ou de jus de citron)
1 c. à thé (5 ml) de sauce Worcestershire
1 gousse d'ail, hachée finement
1 c. à thé (5 ml) de sel
1 c. à thé (5 ml) de poivre
1 c. à thé (5 ml) de thym
1 c. à thé (5 ml) d'origan
1 c. à thé (5 ml) de basilic
1 c. à thé (5 ml) de paprika

PRÉPARATION

1. Placer les poitrines de poulet dans un plat peu profond. Dans un bol, mélanger les ingrédients de la marinade. Verser sur le poulet, couvrir et laisser mariner au moins 3 h.

2. Griller les poitrines de poulet pendant 10 min de chaque côté sur le barbecue en badigeonnant souvent de marinade.

3. Faire cuire le bacon jusqu'à ce qu'il soit croustillant. Absorber l'excès de gras.

4. Couper les pains en deux et les griller légèrement.

5. Placer une tranche épaisse de tomate et une feuille de laitue sur le pain. Sur l'autre moitié, étendre la vinaigrette ou la mayonnaise. Placer une poitrine de poulet et 3 tranches de bacon.

Question 43

Lequel de ces objets est idéal pour badigeonner la sauce sur la viande ?

○ **Le papier essuie-tout**

○ **Le pinceau en silicone**

○ **L'éponge**

Question 44

Dans lequel de ces moyens de transport est-il possible d'avoir un barbecue ?

○ **Dans un avion**

○ **Dans un bateau**

○ **Dans un train**

45

Burger de saumon

Préparation : 10 min
Cuisson : 10 min
Réfrigération : 4 h
Portions : 4

INGRÉDIENTS

1 1/2 lb (750 g) de filets de saumon
1/4 de tasse (60 ml) de coriandre, hachée
4 c. à thé (20 ml) de mayonnaise
2 c. à soupe (30 ml) d'oignons verts, hachés finement
1 c. à soupe (15 ml) de jus de citron, fraîchement pressé
Sel et poivre
4 pains à burger

PRÉPARATION

1. Enlever toutes les arêtes des filets de saumon. Séparer la chair de la peau et ne conserver que la chair. Passer le poisson au robot culinaire, sinon le hacher très finement au couteau.

2. Mélanger le saumon avec la coriandre, la mayonnaise, les oignons, le jus de citron, puis saler et poivrer.

3. Diviser en parts égales et façonner en boulettes de 2,5 cm d'épaisseur. Réfrigérer environ 4 h.

4. Préchauffer le barbecue et huiler la grille. À découvert, griller de 4 à 5 min d'un côté, jusqu'à ce que la couleur soit dorée. Retourner le burger et continuer la cuisson pour encore 4 à 5 min. Servir sur les pains à burger.

Question 45

Lequel de ces cuisiniers a écrit *La Bible du Barbecue*?

- ◯ **Steven Raichlen**
- ◯ **Ricardo**
- ◯ **Pasquale Vari**

Question 46

Lequel de ces plats ne se cuisine pas sur le barbecue?

- ◯ **Les quesadillas**
- ◯ **La pizza**
- ◯ **La tourtière**

Côte de bœuf au beurre de cerfeuil

Préparation : 20 min
Cuisson : 20 à 30 min
Portions : 4

INGRÉDIENTS

1 gousse d'ail, hachée
3 petits oignons, émincés
2 échalotes françaises, hachées
2 tasses (500 ml) de cerfeuil, haché
1/3 de tasse (80 ml) de beurre, ramoli
2,2 lb (1 kg) de côte de bœuf
Sel et poivre

PRÉPARATION

1. Mélanger l'ail, les oignons, les échalotes et le cerfeuil. Incorporer le beurre de manière à obtenir une pâte homogène.

2. Saisir la viande des deux côtés à température élevée. Réduire la température et poursuivre la cuisson de 20 à 30 min selon la cuisson désirée. Lorsque la côte est cuite, étaler le beurre au cerfeuil dessus et assaisonner de sel et de poivre.

Question 47

En quoi le Hot Pot BBQ de l'entreprise Black + Blum se déguise-t-il lorsqu'il n'est pas utilisé ?

( ) **En nain de jardin**

( ) **En pot de fleurs ou de fines herbes**

( ) **En fontaine de jardin**

Question 48

Qui anime l'émission *Le BBQ de Louis* à Canal-Vie ?

( ) **Louis-François Marcotte**

( ) **Louis Morissette**

( ) **Louis-José Houde**

Côtes de veau à la paysanne

BARBECUE

Préparation : 15 min
Cuisson : 15 min
Portions : 4

INGRÉDIENTS

2 c. à soupe (30 ml) d'huile aromatisée à l'ail
1 c. à thé (5 ml) de thym
4 côtes de veau de lait, épaisses
1 oignon moyen, coupé en dés
1/2 poivron rouge, coupé en dés
1/2 poivron vert, coupé en dés
1 tomate pelée, épépinée et concassée
1 branche de céleri, coupé en dés
8 champignons, coupés en dés
1 jalapeño sans pépins, coupé en dés
Sel et poivre

PRÉPARATION

1. Mélanger l'huile avec le thym et badigeonner les côtes de veau. Faire griller les côtes 4 min de chaque côté sur le barbecue.

2. Faire revenir tous les légumes dans un wok 5 min. Saler, poivrer et servir cette garniture avec les côtes de veau.

Question 49

Quel avantage présente le barbecue sur le plan nutritif?

○ Les sauces d'accompagnement sont nutritives

○ Les marinades éliminent les bactéries de la viande

○ La cuisson élimine le surplus de gras

Question 50

Qu'est-ce qui peut être cancérigène dans la viande cuite sur le barbecue?

○ Les parties calcinées

○ Les parties saignantes

○ Les nerfs et la graisse

Côtes levées piquantes

BARBECUE

Préparation : 10 min
Cuisson : 35 min
Marinade : 1 h
Portions : 4

INGRÉDIENTS

2 lb (900 g) de côtes levées de porc

Pour la marinade :

2/3 de tasse (160 ml) de purée tomate
2 c. à soupe (30 ml) de vinaigre de vin rouge
2 c. à soupe (30 ml) de cassonade
1 gousse d'ail, écrasée
1 c. à thé (5ml) de thym séché
1/2 c. à thé (3 ml) de romarin séché
1 c. à thé (5 ml) de sauce piquante

PRÉPARATION

1. Découper les côtes en portions. Amener à ébullition une casserole d'eau et y mettre les côtes. Cuire 10 min, puis égoutter et mettre dans un plat de verre peu profond.

2. Mélanger tous les ingrédients de la marinade, verser sur les côtes et bien les enrober. Faire mariner 1 h.

3. Retirer les côtes de la marinade et la réserver. Faire cuire 10 min à température élevée sur la grille huilée du barcecue en retournant à la mi-cuisson et en badigeonnant de temps en temps. Mettre ensuite les côtes sur une partie de la grille moins chaude et continuer la cuisson environ 15 min.

Qu'est-ce qui est mis à la disposition des gens dans les parcs d'Australie ?

○ **Du charbon**

○ **Du gaz à combustion**

○ **Des barbecues électriques**

Question 52

Quel pourcentage de gens assiste à au moins un barbecue par été ?

○ **40 %**

○ **60 %**

○ **80 %**

Côtes levées sur le barbecue

BARBECUE

Préparation : 15 min
Cuisson : 1 h 45
Marinade : 2 h
Portions : 4

INGRÉDIENTS

5 lb (2,27 kg) de côtes levées

Pour la marinade :

1/2 tasse (125 ml) de sauce chili
1/3 de tasse (80 ml) de vinaigre blanc
1/2 tasse (125 ml) de cassonade
2 gousses d'ail, hachées
2 c. à soupe (30 ml) de sauce soya
Sel et poivre
2 pots (128 ml chacun) de purée pour bébés aux abricots

PRÉPARATION

1. Bouillir les côtes levées dans l'eau environ 45 min.

2. Mélanger les ingrédients de la marinade et faire mariner les côtes levées environ 2 h.

3. Cuire sur le barbecue jusqu'à ce qu'elles soient bien dorées.

BARBECUE

Question 53

Quelle est la particularité du nouveau barbecue Cobb Ultra Girly ?

◯ **Le motif de fleurs dans la grille**

◯ **Sa couleur rose**

◯ **Son format rétractable transportable dans un sac**

Question 54

En quelle année George Stephen a-t-il inventé le premier barbecue sphérique avec couvercle ?

◯ **En 1933**

◯ **En 1948**

◯ **En 1952**

Côtelettes de porc au barbecue gratinées

BARBECUE

Préparation : 10 min
Cuisson : 45 min
Portions : 4

INGRÉDIENTS

1/2 tasse (125 ml) de ketchup rouge
1/2 tasse (125 ml) de sauce chili
1/3 de tasse (125 ml) de vinaigre balsamique
3 c. à soupe (45 ml) de cassonade
1/2 c. à thé (3 ml) de moutarde sèche
8 côtelettes de porc
1 oignon, coupé en rondelles
1 tasse (100 g) de fromage, râpé

PRÉPARATION

1. Dans un bol, mélanger le ketchup, la sauce chili, le vinaigre balsamique, la cassonade et la moutarde sèche.

2. Dans un plat en aluminium, mettre les côtelettes et l'oignon. Étendre la sauce sur les côtelettes.

3. Cuire sur le barbecue. Parsemer de fromage râpé et mettre au four, sous le gril.

Question 55

Quelle est la particularité du barbecue George Foreman de l'entreprise Russell Hobbs ?

○ Il inclut un lecteur CD et mp3

○ Il a des couvercles colorés interchangeables

○ Il contient une friteuse

Question 56

Quelles sont les personnes les plus touchées par les brûlures et les accidents causés par le barbecue ?

○ Les femmes et les bébés

○ Les hommes et les enfants

○ Les personnes âgées

Crevettes grillées à l'orientale

BARBECUE

Préparation : 10 min
Cuisson : 10 min
Marinade : 30 min
Portions : 4

INGRÉDIENTS

12 grosses crevettes, décortiquées
2 quartiers de citron, fraîchement pressés

Pour la marinade :

1/3 de tasse (80 ml) d'huile d'olive
1 c. à soupe (15 ml) de jus de citron, fraîchement pressé
2 gousses d'ail, hachées
1 pincée de poivre de Cayenne

PRÉPARATION

1. Dans un bol, mélanger les ingrédients de la marinade.

2. Piquer les crevettes sur des brochettes. Verser la marinade sur les brochettes de crevettes et faire mariner au moins 30 min au frais.

3. Préchauffer le barbecue à température élevée et huiler la grille. Faire cuire quelques minutes de chaque côté. Arroser d'un trait de jus de citron avant de servir.

Question 57

Combien de kg de charbons chaque Français utilise-t-il en moyenne chaque année ?

- ○ 3
- ○ 6
- ○ 10

Question 58

Combien de kg de bois est-il nécessaire pour produire 1 kg de charbon ?

- ○ 2
- ○ 5
- ○ 8

Cuisses de poulet et rondelles de maïs style cajun

BARBECUE

Préparation : 15 min
Cuisson : 25 min
Portions : 4

INGRÉDIENTS

4 cuisses de poulet
2 épis de maïs frais, nettoyés
3/4 de tasse (200 ml) d'huile végétale

Pour le mélange cajun :

2 c. à thé (10 ml) de paprika
2 c. à thé (10 ml) de sucre
1 c. à thé (5 ml) d'oignon en poudre

1 c. à thé (5 ml) d'ail en poudre
1 c. à thé (5 ml) de moutarde séchée
1 c. à thé (5 ml) de thym séché
1 c. à thé (5 ml) de poivre de Cayenne
1 c. à thé (5 ml) de cumin
1 c. à thé (5 ml) de poivre noir
1 c. à thé (5 ml) de sel
1 pincée de clous de girofle moulus

PRÉPARATION

1. Dans un bol, mélanger tous les ingrédients du mélange cajun et réserver.

2. Couper les épis de maïs en rondelles de 5 cm. Pratiquer trois incisions sur chaque morceau de poulet et les déposer avec les maïs. Ajouter l'huile végétale et verser le mélange cajun. Remuer pour bien enrober les morceaux de poulet et les morceaux de maïs.

3. Préchauffer le barbecue à température élevée. Cuire les morceaux de poulet, 2 min de chaque côté. Réduire la température du barbecue, puis poursuivre la cuisson de 20 à 25 min, à couvert, en les retournant de temps en temps. Ajouter les rondelles de maïs pour les 15 dernières minutes de cuisson du poulet.

BARBECUE

Question 59

Qu'est-ce qu'une pierrade ?

○ **Des pierres qu'on frotte pour allumer un feu**

○ **Un barbecue électrique d'intérieur**

○ **Des pierres chauffantes pour fumer le poisson**

Question 60

Qu'est-ce qu'une plancha ?

○ **Une plaque métallique qu'on intègre dans le barbecue**

○ **Une planche de bois de cèdre**

○ **Une spatule espagnole**

Darnes de saumon grillées

BARBECUE

Préparation : 15 min
Cuisson : 20 min
Portions : 4

INGRÉDIENTS

4 darnes de saumon frais
Sel et poivre
Graines de fenouil
2 c. à soupe (30 ml) d'huile d'olive
3/4 de tasse (180 ml) de crème 35 %
1 c. à soupe (15 ml) de moutarde au miel

PRÉPARATION

1. Badigeonner les morceaux de saumon d'huile d'olive, saler, poivrer et parsemer de fenouil.

2. Cuire les darnes au barbecue pas trop près du feu, de 15 à 20 min.

3. Mélanger avec la crème, la moutarde et un peu d'huile d'olive et verser sur les darnes au moment de servir.

Question 61

Qu'est-ce que le produit « Que » de Pork Barrel BBQ?

- ◯ **Un baume à lèvres au barbecue**

- ◯ **Des ballons avec arôme de barbecue**

- ◯ **Un parfum pour homme à senteur de barbecue**

Question 62

Laquelle de ces pierres a la propriété d'absorber la chaleur pour la redistribuer graduellement, en plus d'absorber la graisse?

- ◯ **La pierre de lave**

- ◯ **La pierre à feu**

- ◯ **La pierre odorante**

Filet de lotte tandoori

BARBECUE

Préparation : 10 min
Cuisson : 15 min
Marinade : 1 h
Portions : 4

INGRÉDIENTS

1 1/2 lb (680 g) de filet de lotte
4 quartiers de citron

Pour la marinade tandoori :

1 tasse (250 ml) de yogourt nature
3 c. à soupe (45 ml) d'huile d'olive
4 c. à thé (20 ml) de mélange d'épices tandoori moulues
2 gousses d'ail, hachées
1 c. à soupe (15 ml) de gingembre frais, pelé et râpé
Sel et poivre

PRÉPARATION

1. Mélanger tous les ingrédients de la marinade dans un bol.
   Réserver 1/4 de tasse (60 ml) du mélange pour le service.
   Enduire le poisson du reste de la marinade et laisser mariner au
   réfrigérateur pendant au moins 1 h.

2. Préchauffer le barbecue à température moyenne-élevée et
   huiler la grille. Enlever l'excédent de marinade. Déposer le
   poisson sur la grille. Cuire de 5 à 7 min de chaque côté. Servir
   avec des quartiers de citrons et un peu de marinade tandoori
   réservée.

Question 63

En quelle année ont été commercialisées les premières sauces barbecue?

- ○ **En 1895**

- ○ **En 1923**

- ○ **En 1946**

Question 64

Quel est le condiment de base de la sauce barbecue de Caroline du Sud?

- ○ **Le ketchup**

- ○ **Le vinaigre**

- ○ **La moutarde**

Filet de porc au barbecue

Préparation : 15 min
Cuisson : 1 h
Portions : 4

INGRÉDIENTS

1 lb (454 g) de filet de porc
1/4 de tasse (60 ml) d'huile d'olive
3 gousses d'ail, hachées
1 c. à thé (5 ml) de thym frais, haché
2 c. à thé (10 ml) de romarin frais, haché
Sel et poivre

PRÉPARATION

1. Entailler le filet de porc dans le sens de la longueur. Le badigeonner d'huile d'olive. Dans la fente, insérer l'ail, le thym et le romarin. Saupoudrer le filet de sel et de poivre.

2. Préchauffer le barbecue à température élevée. Huiler légèrement la grille du barbecue et y placer le porc. Laisser cuire pendant environ 1 h, en le retournant toutes les 15 min, jusqu'à ce qu'il ait atteint une température interne d'au moins 160 °F (72 °C).

BARBECUE

Quel est l'aliment de base de la sauce barbecue en Inde, qui accompagne le poulet tandoori?

- ◯ **La tomate**

- ◯ **Le yogourt**

- ◯ **L'ail**

Quelle est l'utilité de la marinade?

- ◯ **Donner du goût et attendrir la viande**

- ◯ **Précuire la viande**

- ◯ **Éviter les risques de contamination**

Huîtres grillées

BARBECUE

Préparation : 15 min
Cuisson : 5 à 8 min
Portions : 4

INGRÉDIENTS

1 lb (454 g) de beurre salé, fondu
8 gousses d'ail, finement hachées
1/2 tasse (125 ml) de persil frais, finement haché
1 c. à soupe (15 ml) de piment fort, séché et broyé
1 c. à soupe (15 ml) de poivre noir, fraîchement moulu
Sel
1 tasse (250 ml) de vin blanc
48 huîtres

PRÉPARATION

1. Faire fondre le beurre dans une casserole à feu moyen. Ajouter l'ail, le persil, le piment fort, le poivre et le sel et cuire jusqu'à ce que l'ail devienne odorant, environ 2 à 4 min. Il ne faut pas que l'ail brunisse. Ajouter le vin, porter à ébullition et laisser bouillir pendant 3 min.

2. Frotter les coquilles d'huître avec une brosse rigide afin d'enlever toute trace de sable ou de boue. Enlever la coquille supérieure de l'huître en coupant, au besoin, le muscle avec un couteau. Faire attention de ne pas renverser le jus de l'huître. Coucher les huîtres sur une plaque à pâtisserie en faisant toujours attention de conserver le jus.

3. Préparer le barbecue pour une cuisson à chaleur directe et préchauffer à température élevée. Verser le mélange de beurre fondu et de persil sur les huîtres. Placer les huîtres sur la grille chaude et cuire 5 à 8 min, jusqu'à ce que des bulles apparaissent dans la sauce et le jus des huîtres. Servir les huîtres chaudes.

Pourquoi la viande est-elle souvent dure et nécessite-elle d'être marinée ?

○ **Car les animaux sont stressés**

○ **Car les animaux sont mal nourris**

○ **Car les animaux sont tués et gelés trop rapidement**

Lequel de ces films met en scène un Africain qui transforme sa voiture en barbecue ?

○ *Barbecue Pejo*

○ *Bamako*

○ *Taxi grillades*

Pizza sur le barbecue

BARBECUE

Préparation : 15 min
Cuisson : 5 min
Portions : 8

INGRÉDIENTS

8 grandes tortillas
2 c. à thé (10 ml) d'huile d'olive
1/2 tasse (125 ml) de salsa
3/4 de tasse (75 g) de cheddar, râpé
3/4 de tasse (75 g) de fromage Monterey Jack ou de mozzarella, râpé
1/3 de tasse (80 ml) d'olives vertes farcies au piment, tranchées (facultatif)
24 tranches de pepperoni

PRÉPARATION

1. Préchauffer le barbecue. Badigeonner les tortillas d'huile. Garnir chaque tortilla de salsa, des deux fromages, d'olives et de pepperoni.

2. À l'aide d'une spatule large, transférer délicatement les pizzas sur la grille du barbecue. Couvrir et cuire de 3 à 6 min ou jusqu'à ce que le fromage soit fondu et que la croûte soit croustillante.

Question 69

Où se tient le Festival BBQ fest ?

- ○ À Montréal
- ○ À Trois-Rivières
- ○ À Québec

Question 70

Où se tient le Festival mondial du grill ?

- ○ À St-Bruno-de-Montarville
- ○ À St-Calixte
- ○ À la Pocatière

Poitrines de poulet balsamique

BARBECUE

Préparation : 15 min
Cuisson : 20 min
Marinade : 6 h
Portions : 4

INGRÉDIENTS

4 poitrines de poulet

Pour la marinade :

1/3 de tasse (80 ml) de vinaigre balsamique
1/3 de tasse (80 ml) de sauce soya
2 gousses d'ail, hachées
3 c. à soupe (45 ml) de moutarde de Dijon
1 c. à soupe (15 ml) de jus de lime
1/3 de tasse (80 ml) de cassonade
1/3 de tasse (80 ml) d'huile d'olive
1 c. à soupe (15 ml) de thym, frais

PRÉPARATION

1. Mélanger tous les ingrédients de la marinade dans un plat pouvant se refermer. Ajouter les poitrines de poulet. Laisser mariner au moins 6 h au réfrigérateur.

2. Cuire les poitrines sur le barbecue jusqu'à la cuisson complète, soit environ 20 min.

3. Réduire la marinade dans une casserole pour en faire une sauce. Verser sur les poitrines au moment de servir.

Question 71

Depuis quel président des États-Unis le barbecue fait-il partie des traditions de la Maison-Blanche ?

- ◯ **Depuis Thomas Jefferson**

- ◯ **Depuis Georges Bush**

- ◯ **Depuis John F. Kennedy**

Question 72

Quel est le jour férié où les barbecues sont les plus populaires aux États-Unis ?

- ◯ **La fête du Travail**

- ◯ **Le 4 juillet, jour de l'Indépendance**

- ◯ **Le Memorial Day**

Poulet à l'orange et à l'estragon

BARBECUE

Préparation : 15 min
Cuisson : 20 min
Marinade : 24 h
Portions : 4

INGRÉDIENTS

1 lb (454 g) de poitrine de poulet, désossées

Pour la marinade :

1/4 de tasse (60 ml) de jus d'orange
2 c. à table (30 ml) de zeste d'orange
2 gousses d'ail, hachées
2 c. à thé (10 ml) d'estragon séché

PRÉPARATION

1. Mélanger les ingrédients de la marinade dans un plat peu profond et y mettre les morceaux de poulet. Mariner au moins 24 h.

2. Cuire sur le barbecue environ 20 min en retournant à la mi-cuisson.

BARBECUE

Question 73

Quel est l'accompagnement le plus populaire sur le barbecue ?

( ) **Les pommes de terre**

( ) **Les légumes en papillotes**

( ) **Le maïs**

Question 74

Quelle est la meilleure façon de cuire la viande pour plus de tendreté ?

( ) **Rapidement à feu très élevé**

( ) **Plusieurs heures à feu très bas**

( ) **Longtemps à feu très élevé**

75

Poulet en morceaux à la libanaise

BARBECUE

Préparation : 20 min
Cuisson : 25 min
Marinade : 2 h
Portions : 4

INGRÉDIENTS

3 lb (1,5 kg) de poulet

Pour la marinade :

1/2 tasse (125 ml) d'huile d'olive
2 c. à soupe (30 ml) de cassonade
2 c. à soupe (30 ml) de cumin moulu
6 gousses d'ail, hachées
2 c. à thé (10 ml) de coriandre moulue
2 c. à thé (10 ml) de paprika

PRÉPARATION

1. Mélanger les ingrédients de la marinade. Enrober les morceaux de poulet de la marinade libanaise. Laisser mariner environ 2 h au frais.

2. Préchauffer le barbecue à température élevée. Brosser et huiler la grille. Marquer sur la grille les morceaux de poulet de 2 à 3 min de chaque côté.

3. Réduire la température à moyenne et poursuivre la cuisson de 20 à 30 min pour les hauts de cuisse et les pilons. Pour les poitrines, il est préférable de les couvrir pour le reste de la cuisson.

Question 75

Lequels de ces mots sont écrits correctement ?

○ **Barbecue et Bar-B-Q**

○ **BBQ et Bar-B-Que**

○ **Toutes ces réponses**

Question 76

Combien de temps une poitrine de bœuf doit-elle être fumée ?

○ **5 heures**

○ **9 heures**

○ **12 heures**

Poulet sur canette au barbecue

BARBECUE

Préparation : 15 min
Cuisson : 1 h 30
Portions : 4

INGRÉDIENTS

1 canette vide de boisson gazeuse ou de bière
3/4 de tasse (180 ml) d'eau
1 c. à soupe (15 ml) de bouillon de poulet concentré liquide
1/2 petit oignon, coupé en petits cubes
2 c. à soupe (30 ml) d'épices barbecue
Poivre
1 poulet entier

PRÉPARATION

1. Verser dans la canette l'eau, 1 c. à thé (5 ml) de bouillon de poulet concentré liquide, l'oignon, le poivre et 1 c. à thé (5 ml) d'épices barbecue. Insérer la canette dans l'orifice du poulet pour qu'il tienne debout.

2. Badigeonner le poulet du reste du bouillon concentré et d'épices barbecue. Poivrer.

3. Faire cuire le poulet debout sur la grille du barbecue à température moyenne-élevée par chaleur indirecte (c'est-à-dire le poulet sur la partie opposée à la chaleur). Si le barbecue possède trois brûleurs, placer le poulet au centre de la grille, les brûleurs de chaque côté allumés. Fermer le couvercle et laisser cuire 1 h 30.

BARBECUE

Question 77

Durant quelles saisons est-il possible de faire du barbecue ?

○ L'été et l'automne

○ Le printemps, l'été, l'automne et l'hiver

○ Le printemps, l'été et l'automne

Question 78

Quelle est la sauce la plus vendue au Canada ?

○ Le ketchup

○ La sauce barbecue

○ La mayonnaise

Rôti de veau en papillote

BARBECUE

Préparation : 20 min
Cuisson : 1 h 30
Portions : 4

INGRÉDIENTS

1 tasse (250 ml) de vin blanc ou de bouillon
1 oignon, émincé
1/4 de tasse (60 ml) de tomates séchées, coupées en julienne
1/4 de tasse (60 ml) d'olives noires, dénoyautées
2 gousses d'ail, hachées
3 branches de thym
2 lb (900 g) de rôti d'épaule de veau désossé
2 c. à soupe (30 ml) d'huile d'olive
Sel et poivre

PRÉPARATION

1. Mélanger dans un bol le vin, l'oignon, les tomates, les olives, l'ail et le thym et réserver.

2. Préchauffer le barbecue et huiler la grille. Badigeonner le rôti d'huile d'olive, saler et poivrer. Marquer toutes les faces du rôti sur la grille 3 à 4 min.

3. Déposer la pièce de viande au centre d'une rôtissoire en aluminium jetable. Verser le contenu du bol sur le rôti. Couvrir hermétiquement d'une feuille d'aluminium la rôtissoire et fermer le ou les brûleurs du centre de manière à cuire par chaleur indirecte pendant environ 1 h 30.

BARBECUE

Question 79

D'où vient le nom de la sauce chipotlé ?

( ) **Chip (croustille) et tollé (clameur)**

( ) **Chil (piment) et poctli (fumé)**

( ) **Chipoter (grignoter)**

Question 80

Lesquels de ces aliments ont été testés avec succès, fumés à froid au barbecue ?

( ) **Le chocolat, le yogourt et le riz Arborio**

( ) **Le sorbet aux fraises, le vin et les graines de tournesol**

( ) **Le sirop d'érable, le spaghetti et la crème glacée**

Sandwichs au porc au barbecue

BARBECUE

Préparation : 15 min
Cuisson : 15 min
Portions : 4

INGRÉDIENTS

1/2 tasse (125 ml) de sauce barbecue, divisée
4 côtelettes de porc désossées
4 tranches d'oignon
4 petits pains kaiser
4 grosses tranches de tomate
4 feuilles de laitue

PRÉPARATION

1. Préchauffer le barbecue à température moyenne. Réserver la moitié de la sauce barbecue pour en tartiner les petits pains.

2. Mettre les côtelettes sur la grille et les badigeonner d'un peu du reste de la sauce. Griller les côtelettes de 6 à 8 min de chaque côté, jusqu'à la cuisson complète, en les badigeonnant de temps à autre avec le reste de la sauce.

3. Ajouter les oignons sur la grille pour les 4 dernières minutes de cuisson des côtelettes et les tourner après 2 min.

4. Tartiner le côté tranché des petits pains avec 1/4 de tasse (60 ml) de sauce réservée. Garnir chaque pain d'une côtelette, d'une tranche d'oignon, d'une tranche de tomate et d'une feuille de laitue.

Question 81

Quelle marque de croustilles a une saveur de
«Smokin' Ribs» (Côtes levées fumées)?

○ Lay's

○ Miss Vickie's

○ Pringles

Question 82

Lequel de ces aliments n'est pas vendu avec une
saveur barbecue?

○ Les arachides

○ Les biscuits soda

○ Le maïs soufflé

Sardines grillées au yogourt

BARBECUE

Préparation : 20 min
Cuisson : 10 min
Portions : 4

INGRÉDIENTS

1 1/3 lb (600 g) de sardines fraîches
Sel et poivre
1 c. à soupe (15 ml) d'huile d'olive
2 pots de 50 g de yogourt nature
2 jaunes d'œufs
1 c. à soupe (15 ml) de moutarde forte
1/4 de tasse (60 ml) de crème 35 %
1 c. à soupe (15 ml) de jus de citron
1 échalote française, hachée
4 gousses d'ail, hachées
1 bouquet de persil, haché
Quelques brins d'estragon, haché

PRÉPARATION

1. Laver les sardines, saler et poivrer et badigeonner d'huile. Les mettre à griller sur le barbecue.

2. Dans un saladier, mélanger le yogourt, les jaunes d'œufs, la moutarde, la crème et le citron. Ajouter l'échalote, l'ail, le persil et l'estragon hachés. Assaisonner. Servir cette sauce avec les sardines grillées.

Question 83

Où se trouve le restaurant Barbacoa, unique au Québec?

- ⚪ **Lévis**

- ⚪ **Boucherville**

- ⚪ **Laval**

Question 84

Quel est le poids maximum que supporte un four à méchoui?

- ⚪ **25 kg**

- ⚪ **35 kg**

- ⚪ **45 kg**

Satés de bœuf de Singapour

BARBECUE

Préparation : 15 min
Cuisson : 5 min
Marinade : 2 h
Portions : 4

INGRÉDIENTS

1 1/2 lb (680 g) de steaks de faux-filet

Pour la marinade :

3 c. à soupe (45 ml) de cassonade
2 c. à soupe (30 ml) de coriandre, moulue
1 c. à soupe (15 ml) de curcuma, moulu
1 1/2 c. à thé (8 ml) de cumin, moulu
2 c. à thé (10 ml) de poivre noir, fraîchement moulu
3 c. à soupe (45 ml) de sauce de poisson ou sauce soya
3 c. à soupe (45 ml) d'huile végétale

PRÉPARATION

1. Couper les steaks, y compris les matières grasses, en cubes de
   1 cm et les placer dans un bol. Incorporer les ingrédients de la
   marinade. Laisser la viande mariner au réfrigérateur, à couvert,
   pendant au moins 2 h.

2. Égoutter les cubes de bœuf et jeter la marinade. Enfiler la
   viande sur des brochettes. Réfrigérer les satés à couvert jusqu'à
   ce que tout soit prêt pour la cuisson.

3. Préchauffer le barbecue à température élevée. Disposer les satés
   sur la grille chaude, avec un écran de papier d'aluminium sous
   les parties exposées des brochettes pour les empêcher de brûler.
   Griller les satés jusqu'à la cuisson désirée, soit 1 à 2 min de
   chaque côté pour une cuisson rosée, et un peu plus longtemps
   pour une cuisson à point.

Question 85

Qu'est-ce que le «Pit Barbecue» (fosse barbecue)?

○ **Un trou dans la terre au-dessus duquel on cuit la viande**

○ **Une fosse où l'on jette le gras fondu et les os**

○ **Une cuve remplie de sauce barbecue**

Question 86

Qu'est-ce que la sauce hickory?

○ **Une sauce avec un goût de fumé**

○ **Une sauce blanche pour les volailles**

○ **Une sauce à saveur de cari**

Saucisses au barbecue

BARBECUE

Préparation : 15 min
Cuisson : 30 min
Portions : 4

INGRÉDIENTS

2 c. à soupe (30 ml) d'huile
1 gros oignon, haché
2 gousses d'ail, hachées
1/2 boîte (270 ml) de tomates en dés
1 c. à soupe (15 ml) de sauce Worcestershire
2 c. à soupe (30 ml) de sauce brune fruitée
2 c. à soupe (30 ml) de cassonade
1/4 de tasse (60 ml) de vinaigre de vin blanc
1/2 c. à thé (3 ml) de piment de Cayenne
1 pincée de moutarde en poudre
1 goutte de sauce piquante
1 lb (454 g) de saucisses au choix
Sel et poivre
Petits pains longs

PRÉPARATION

1. Faire chauffer l'huile dans une casserole, puis ajouter l'oignon et l'ail et cuire 5 min.

2. Ajouter les tomates, la sauce Worcestershire, la sauce brune fruitée, la cassonade, le vinaigre de vin blanc, le piment de Cayenne, la moutarde, la sauce piquante, le sel et le poivre et amener à ébullition.

3. Réduire le feu et laisser mijoter environ 12 min jusqu'à ce que la sauce commence à épaissir. Remuer de temps en temps. Réserver au chaud.

4. Griller les saucisses sur braises ardentes de 10 à 15 min en les retournant souvent, ne pas les piquer. Servir les saucisses avec la sauce et les petits pains.

Question 87

Quelle est la marque de sauce barbecue la plus populaire dans l'Ouest canadien ?

○ **Diana Sauce**

○ **Hunt's**

○ **Bull's Eye**

Question 88

Lequel de ces humoristes québécois a fait un numéro sur le barbecue ?

○ **Martin Matte**

○ **Jean-Thomas Jobin**

○ **Philippe Laprise**

Saumon teriyaki à l'érable

BARBECUE

Préparation : 10 min
Cuisson : 20 min
Marinade : 3 h
Portions : 4

INGRÉDIENTS

4 filets de sumon

Pour la marinade :

1/3 de tasse (80 ml) de jus de pommes
1/3 de tasse (80 ml) de sirop d'érable
3 c. à soupe (45 ml) de sauce soya
2 c. à soupe (30 ml) d'oignon, haché finement
2 gousses d'ail, hachées

PRÉPARATION

1. Dans un grand sac de plastique refermable, combiner les ingrédients de la marinade. Retirer 1/2 tasse (125 ml) du mélange et réserver pour plus tard. Placer les filets de saumon dans le sac, sceller et remuer. Réfrigérer pendant 3 h en retournant le sac de temps en temps.

2. Préchauffer le barbecue à température élevée. Graisser légèrement la grille. Placer les filets sur la grille et jeter le sac et la marinade. Cuire les filets de 5 à 10 min de chaque côté, selon l'épaisseur des filets. Badigeonner régulièrement avec la marinade réservée.

Quelle est la particularité du barbecue cajun?

○ Il est très sucré

○ Il est très épicé

○ Il est très amer

Comment peut-on savoir qu'un morceau de viande est prêt à être retourné?

○ Quand il y a de la fumée

○ Quand l'odeur de viande se fait plus insistante

○ Quand il se décolle facilement de la grille

Steak tendres au barbecue

BARBECUE

Préparation : 5 min
Cuisson : 15 à 20 min
Marinade : 2 h
Portions : 4

INGRÉDIENTS

4 steaks de qualité assez épais (aloyau, bifteck, filet mignon, etc.)
2 c. à soupe (30 ml) d'épices à steak

Pour la marinade :

1/4 de tasse (60 ml) d'huile d'olive
2 c. à soupe (30 ml) de vinaigre de vin rouge
1 c. à soupe (15 ml) de sauce soya
2 c. à soupe (30 ml) de sauce Worcestershire

PRÉPARATION

1. Mélanger ensemble les ingrédients de la marinade. Piquer les steaks et les tremper dans la marinade. Saupoudrer les épices à steak sur chaque steak. Mettre les steaks et la marinade dans un plat. Mettre au réfrigérateur et faire mariner 2 h.

2. Sortir les steaks du réfrigérateur de 30 à 45 min avant la cuisson et les laisser revenir à la température ambiante (cette technique vise à éviter que le steak soit cuit à l'extérieur et encore froid à l'intérieur, il sera plus tendre).

3. Avant de faire cuire les steaks, allumer le four à 220 °F (110 °C). Faire cuire les steaks à température élevée sur le barbecue, sans trop faire cuire. L'extérieur devient foncé et le centre doit être encore rouge ou rosé, au goût. Le temps de cuisson est variable, tout dépendant de l'épaisseur du steak et de la chaleur du barbecue.

4. Faire reposer les steaks au four de 10 à 15 min, ils deviendront tendres et juteux.

Lequel de ces chanteurs country a écrit une chanson s'intitulant *Le barbecue*?

- ( ) **André Brazeau**

- ( ) **Bobby Hachey**

- ( ) **Johnny Cash**

Quelle humoriste française a fait un numéro sur le barbecue?

- ( ) **Florence Floresti**

- ( ) **Muriel Robin**

- ( ) **Sylvie Joly**

Brochettes d'ananas sur le barbecue

BARBECUE

Préparation : 20 min
Cuisson : 5 min
Trempage : 30 min
Portions : 4

INGRÉDIENTS

8 brochettes en bois
1 ananas
1/4 de tasse (60 ml) de cassonade

PRÉPARATION

1. Plonger les brochettes en bois dans l'eau pendant environ 30 min puis égoutter.

2. Peler l'ananas, le découper en cubes de 2 cm d'épaisseur. Enfiler les cubes d'ananas sur les brochettes.

3. Saupoudrer toutes les brochettes de cassonade puis les cuire 5 min sur le barbecue.

Question 93

Que veut dire le mot « gyros » en grec ?

○ **Porc**

○ **Grillade**

○ **Tourner**

Question 94

Quel est la particularité de la cuisson de la viande kebab ?

○ **Elle est cuite sur une broche verticale**

○ **Elle est cuite sur une grille courbée**

○ **Elle est constamment badigeonnée de marinade durant la cuisson**

Croustade de bleuets fumée

BARBECUE

Préparation : 15 min
Cuisson : 40 min
Portions : 4

INGRÉDIENTS

1 1/2 lb (680 g) de bleuets
3/4 de tasse (180 ml) de farine tout usage
1/2 tasse (125 ml) de sucre
1 c. à thé (5 ml) de zeste de citron
2 c. à soupe (30 ml) de jus de citron
2 c. à soupe (30 ml) de biscottis émiettés
1/2 tasse (125 ml) de cassonade tassée
1/3 de tasse (80 ml) de beurre froid non salé, en morceaux
d'environ 3 cm
1 pincée de sel

PRÉPARATION

1. Laver les bleuets à l'eau froide. Mettre les bleuets dans
   un grand bol. Ajouter 1/4 de tasse (60 ml) de farine, le sucre,
   le zeste et le jus de citron. Mélanger doucement. Verser le
   mélange de bleuets sur la lèchefrite vaporisée d'huile.

2. Mettre les biscottis, le reste de la farine et la cassonade dans
   un robot culinaire. Actionner jusqu'à l'obtention d'une poudre
   granuleuse.

3. Ajouter le beurre et le sel et brasser jusqu'à ce que le mélange
   soit friable et granuleux. Verser la garniture sur le mélange de
   bleuets.

4. Préparer le barbecue pour une cuisson indirecte et préchauffer
   à température moyenne-élevée. Avec un barbecue au charbon,
   ajouter des copeaux de bois sur le charbon. Avec un barbecue
   au gaz, placer des copeaux de bois dans un fumoir. Chauffer
   à température élevée jusqu'à ce qu'il y ait de la fumée, puis
   diminuer à température à moyenne-élevée.

5. Placer la lèchefrite au centre de la grille, loin de la chaleur et
   couvrir. Cuire environ 40 min, jusqu'à ce que le mélange de
   bleuets bouillonne et que la garniture soit dorée. Servir chaud
   ou froid avec de la crème glacée à la vanille.

Question 95

De quelle origine sont les brochettes souvlaki?

○ **Libanaise**

○ **Grecque**

○ **Turque**

Question 96

Le barbecue nouveau genre en Abitibi nécessite quel objet pour y faire un méchoui?

○ **Une poubelle de métal**

○ **Un vieux moteur nettoyé**

○ **Une tringle de garde-robe**

Dessert aux pommes sur le barbecue

BARBECUE

Préparation : 15 min
Cuisson : 30 min
Portions : 4

INGRÉDIENTS

4 pommes vertes
2 c. à soupe (30 ml) de noix, hachées
2 c. à soupe (30 ml) d'amandes, hachées
2 c. à soupe (30 ml) de cassonade
2 c. à soupe (30 ml) de cerises, hachées
2 c. à soupe (30 ml) de gingembre frais, haché
1 c. soupe (15 ml) d'amaretto
1/4 de tasse (60 ml) de beurre, coupé en cubes
1/4 de tasse (60 ml) de crème 15 % épaisse

PRÉPARATION

1. Évider les pommes, puis faire des incisions sur tout le tour des trous pour empêcher les pommes de craquer pendant la cuisson. Mélanger les noix, les amandes, la cassonade, les cerises, le gingembre, l'amaretto et le beurre.

2. Remplir l'intérieur évidé des pommes avec le mélange en laissant la garniture déborder un peu au-dessus de la pomme.

3. Mettre chaque pomme dans un carré de papier aluminium double épaisseur et envelopper.

4. Cuire au-dessus de braises ardentes de 25 à 30 min, servir avec un filet de crème.

BARBECUE

Question 97

En Europe, où est-il possible de prendre un repas barbecue en famille?

- ○ Dans un manège de type Grande roue
- ○ Dans un beigne flottant sur l'eau
- ○ Dans un train

Question 98

Quel est le modèle de barbecue le plus vendu au Québec?

- ○ Le barbecue électrique
- ○ Le barbecue au charbon de bois
- ○ Le barbecue à gaz propane

Guimauves grillées sur le barbecue

BARBECUE

Préparation : 5 min
Cuisson : 5 min
Trempage : 30 min
Portions : 4

INGRÉDIENTS

4 brochettes en bois
20 guimauves

PRÉPARATION

1. Mettre les brochettes en bois à tremper dans l'eau durant 30 min.

2. Enfiler 4 guimauves sur chaque brochette, puis les passer sur la grille du barbecue environ 5 min, juste le temps de les colorer de chaque côté.

Quel type de bois les Amérindiens utilisaient-ils pour la cuisson sur planche?

( ) **Le chêne rouge**

( ) **Le noyer**

( ) **L'érable à sucre**

Comment se nomme la version indonésienne de la sauce soya, mais en plus sucrée et plus épaisse, utilisée comme sauce barbecue?

( ) **La sauce piri-piri**

( ) **La sauce ketjap**

( ) **La sauce soyabi**

Oranges et pacanes à l'érable en papillote

Préparation : 30 min
Cuisson : 10 min
Portions : 4

INGRÉDIENTS

4 grosses oranges
1/3 de tasse (80 ml) de sucre d'érable
1 tasse (250 ml) de pacanes
2 c. à soupe (30 ml) de Grand Marnier
Crème glacée à la vanille

PRÉPARATION

1. Éplucher les oranges à vif, puis prélever les suprêmes. Déposer chaque orange préparée sur une grande feuille de papier d'aluminium. Saupoudrer les oranges de sucre d'érable. Parsemer de pacanes concassées. Arroser d'un filet de Grand Marnier et fermer les papillotes.

2. Préchauffer le barbecue à température moyenne et faire cuire environ 10 min, jusqu'à ce que l'intérieur soit chaud. Servir les oranges et les noix chaudes accompagnées de crème glacée à la vanille.

SOLUTIONS

Question 1

✓ Des Caraïbes

Question 2

✓ En 1769

Question 3

✓ Une brochette qui se mange sur le pouce

Question 4

✓ Les descendants des esclaves fuyant les conquistadors

Question 5

✓ De l'Afrique du Sud

BARBECUE

Question 6

✓ **Le hamburger**

Question 7

✓ **General Pico, en Argentine**

Question 8

✓ **L'American Royal Barbecue**

Question 9

✓ **Un barbecue jetable**

Question 10

✓ **Mai**

Question 11

✓ Le thym, le sel, le sésame et le vinaigre acide

Question 12

✓ Entre 200 et 2000 $

Question 13

✓ L'agneau ou le mouton

Question 14

✓ Une façon de cuire les sardines sur le gril

Question 15

✓ En Afrique du Nord

Question 16

✓ **Dans le sud de la France**

Question 17

✓ **Les saucisses de sanglier**

Question 18

✓ **164 000 $**

Question 19

✓ **À Liège, en Belgique**

Question 20

✓ **La cannelle**

Question 21

✓ **Le chachlyk**

Question 22

✓ **Les oreilles de crisse**

Question 23

✓ **D'une forme de torture de l'Antiquité**

Question 24

✓ **Rhett and Link**

Question 25

✓ **Le sang se répartit uniformément**

Question 26

✓ **Pas plus de 30 minutes**

Question 27

✓ **L'acidité**

Question 28

✓ **La E. Coli O157 : H7**

Question 29

✓ **Quand elle est très chaude**

Question 30

✓ **Le melon d'eau**

Question 31

✓ Le gagnant de plusieurs championnats de barbecue

Question 32

✓ De l'huile végétale

Question 33

✓ Faire tremper la planche dans l'eau

Question 34

✓ 15 minutes avant la fin de la cuisson

Question 35

✓ Yom Haatzmaut (jour de l'indépendance d'Israël)

Question 36

✓ Le cœur

Question 37

✓ Enroulée dans une feuille de sésame ou de laitue

Question 38

✓ Le criquet

Question 39

✓ Napoléon

Question 40

✓ L'asado

BARBECUE

Question 41

✓ **De piment**

Question 42

✓ **Le saké**

Question 43

✓ **Le pinceau en silicone**

Question 44

✓ **Dans un bateau**

Question 45

✓ **Steven Raichlen**

BARBECUE

Question 46

✓ La tourtière

Question 47

✓ En pot de fleurs ou de fines herbes

Question 48

✓ Louis-François Marcotte

Question 49

✓ La cuisson élimine le surplus de gras

Question 50

✓ Les parties calcinées

Question 51

✓ Des barbecues électriques

Question 52

✓ 80 %

Question 53

✓ Sa couleur rose

Question 54

✓ En 1952

Question 55

✓ Il inclut un lecteur CD et mp3

Question 56

✓ **Les hommes et les enfants**

Question 57

✓ **10**

Question 58

✓ **5**

Question 59

✓ **Un barbecue électrique d'intérieur**

Question 60

✓ **Une plaque métallique qu'on intègre dans le barbecue**

Question 61

✓ **Un parfum pour homme à senteur de barbecue**

Question 62

✓ **La pierre de lave**

Question 63

✓ **En 1923**

Question 64

✓ **La moutarde**

Question 65

✓ **Le yogourt**

BARBECUE

Question 66

✓ **Donner du goût et attendrir la viande**

Question 67

✓ **Car les animaux sont tués et gelés trop rapidement**

Question 68

✓ *Barbecue Pejo*

Question 69

✓ **À Québec**

Question 70

✓ **À St-Calixte**

BARBECUE

Question 71

✓ **Depuis Thomas Jefferson**

Question 72

✓ **Le 4 juillet, jour de l'Indépendance**

Question 73

✓ **Le maïs**

Question 74

✓ **Plusieurs heures à feu très bas**

Question 75

✓ **Toutes ces réponses**

Question 76

✓ **12 heures**

Question 77

✓ **Le printemps, l'été, l'automne et l'hiver**

Question 78

✓ **Le ketchup**

Question 79

✓ **Chil (piment) et poctli (fumé)**

Question 80

✓ **Le chocolat, le yogourt et le riz Arborio**

Question 81

☑ **Pringles**

Question 82

☑ **Les biscuits soda**

Question 83

☑ **Lévis**

Question 84

☑ **45 kg**

Question 85

☑ **Un trou dans la terre au-dessus duquel on cuit la viande**

Question 86

✓ Une sauce avec un goût de fumé

Question 87

✓ Bull's Eye

Question 88

✓ Jean-Thomas Jobin

Question 89

✓ Il est très épicé

Question 90

✓ Quand il se décolle facilement de la grille

Question 91

 André Brazeau

Question 92

 Muriel Robin

Question 93

 Tourner

Question 94

 Elle est cuite sur une broche verticale

Question 95

 Grecque

BARBECUE

Question 96

✓ Une poubelle de métal

Question 97

✓ Dans un beigne flottant sur l'eau

Question 98

✓ Le barbecue à gaz propane

Question 99

✓ Le chêne rouge

Question 100

✓ La sauce ketjap

Liste des recettes